Für

Zum Fest deiner Erstkommunion am

Mit den besten Wünschen von

Der Wunschbaum

Geschenkbuch zur Kommunion

Illustriert von
Heidrun Boddin

PATTLOCH

Mein Steckbrief

Name: ....

Adresse: ....

Geburtstag: ....

Geburtsort: ....

Haarfarbe: ....

Augenfarbe: ....

Meine Schule: ....

Mein Lieblingsfach: ....

Dieses Fach mag ich am wenigsten: ....

Meine Lieblingslehrer: ....

Meine liebste Musikgruppe: ....

Meine Lieblingsserie: ....

Mein Lieblingsfilm: ....

Und das sind meine besten Freunde: ....

....

....

Hier ist Platz
für ein Foto von dir.

Meine Erstkommunion

Meine Erstkommunion haben wir am .... gefeiert.

Der Gottesdienst fand in der Kirche ....

in .... statt.

Pfarrer/Kaplan .... hat den Festgottesdienst gestaltet.

Schon einige Zeit vorher haben wir uns auf diesen Festtag vorbereitet.

Meine Erstkommuniongruppe leitete ....

Mit mir in der Gruppenstunde waren: ....

....

....

Das hat mir bei der Vorbereitung am meisten Spaß gemacht:

....

....

Hier habe ich nach dem Gottesdienst mit meiner Familie gefeiert:

....

....

Mit uns haben gefeiert:

....

....

Zu meiner Kommunion bin ich auch reich beschenkt worden.

Besonders gefreut habe ich mich über:

....

....

Die schönste Erinnerung an meine Erstkommunion:

....

....

....

....

....

....

....

Hier ist Platz
für ein Foto von dir als
Kommunionkind.

Hier ist Platz für
ein Foto von dir mit
deinen Gästen.

Er nahm beim Mahl das Brot und sagte Dank,
brach das *Brot*, reichte es seinen Jüngern und sprach:
„Nehmet und esset alle davon.
Das ist mein *Leib*,
der für euch hingegeben wird."

Ebenso nahm er nach dem Mahl den Kelch, dankte wiederum,
reichte den *Kelch* seinen Jüngern und sprach:
„Nehmet und trinket alle daraus.
Das ist mein *Blut*,
das für euch und für alle vergossen wird.“

Der Wunschbaum

(nach Lukas 19,1–10)

Als Zachäus vielleicht fünf Jahre alt war, nahm ihn sein Vater beiseite und zeigte ihm einen Bastkorb. In diesem Bastkorb lag eine kleine Pflanze, die er irgendwo ausgegraben hatte. Es hing noch bröselige, frische Erde an ihr.

„Weißt du, was das ist, Zachäus?“, fragte der Vater.

Der kleine Zachäus schüttelte den Kopf.

„Das ist ein Maulbeerfeigenbaum!“

„So klein – und schon ein Baum?“

Der Vater musste lachen. „Ja, noch ist die Pflanze sehr klein, aber sie wird wachsen und groß werden. So, wie du wachsen und groß werden wirst!“

„Warum zeigst du mir das?“, wollte Zachäus wissen.

Der Vater legte den Arm um die Schultern seines kleinen Sohnes: „Schau, es ist in unserer Familie Brauch, dass jedes neue Mitglied einen Baum geschenkt bekommt. Dies hier ist dein Baum! Er wird dich ein Leben lang begleiten und mit dir wachsen. Der Baum wird da sein, wenn du lachst und wenn du traurig bist. Er wird blühen und groß werden und Früchte tragen – genau wie du. Du kannst dich an ihn lehnen und seine Zweige werden dich vor der Sonne schützen. In seinem Schatten wirst du Träume haben und große Wünsche an das Leben. Gott sieht deine Wünsche und er erfüllt sie, wie er es für gut hält."

Zachäus hörte gar nicht richtig zu. Er nahm die kleine Pflanze aus dem Korb, legte sie in seine linke Handfläche und streichelte mit seiner Rechten über die kleine Blätterkrone.
„Wohin sollen wir deinen Baum denn pflanzen?", fragte der Vater.
„Vor unser Haus, draußen am Rand der Straße", sagte Zachäus.
Und so machten sie es. Mit einer Hacke gruben sie eine Kuhle in die Erde und betteten die kleine Pflanze hinein.

Sie bedeckten die Wurzeln mit Erde. Dann lief Zachäus eifrig zum Brunnen, um Wasser zu schöpfen und seinen Baum zu gießen.

„Das musst du nun jeden Tag machen“, ermahnte ihn sein Vater. „Sonst trocknet der Baum aus. Er lässt die Blätter hängen, vertrocknet und stirbt. Ein Baum ist ein bisschen wie ein Mensch.“

So kam es, dass der Maulbeerfeigenbaum zum Freund des kleinen Zachäus wurde. Tag für Tag holte der Junge Wasser vom Brunnen und goss es an die Wurzeln. Es war, als ob der Baum sich freute. Er bekam immer mehr Äste und Blätter, blühte, wuchs und wurde stark. Lange Zeit war er kleiner als Zachäus. Aber es kam der Tag, an dem er dem kleinen Jungen über den Kopf wuchs.

Als Zachäus das merkte, lief er zu seinem Vater und klagte ihm sein Leid: „Papa, du hast gesagt, dass ich zusammen mit dem Baum wachse. Aber das stimmt gar nicht. Die anderen Kinder werden groß und stark, aber ich bin immer noch so klein.“

„Du wirst nicht immer klein bleiben“, versuchte ihn sein Vater zu trösten. Aber er wusste selbst, dass seine Worte nicht stimmten.

Die Eltern machten sich schon lange Sorgen, weil ihr Kind nicht mehr wuchs und wohl für immer klein bleiben würde. Die anderen Kinder hänselten Zachäus. Die Leute würden über ihn hinwegsehen und seine Worte nicht für voll nehmen. Kein Mädchen würde ihn angucken und seine Frau werden wollen.
„Und dann wird er auch noch diesen Beruf haben", sagte Zachäus' Mutter zu ihrem Mann.
Der Vater blickte sie böse an: „Was kann ich dafür, dass wir Zöllner sind!", knurrte er. „Mein Vater war Zöllner. Und der Vater meines Vaters war Zöllner. Zachäus wird Zöllner sein. Und wenn Zachäus einen Sohn haben wird, wird er wieder Zöllner werden. So ist das Leben!"

Zachäus würde also Zöllner werden. Damals war es nicht anders: Die Söhne machten das, was die Väter von ihren Vätern gelernt hatten.
Schon früh begleitete Zachäus seinen Vater zur Zollstelle. Sie befand sich an einem der Haupttore der Stadt Jericho. Wenn jemand von Jerusalem nach Jericho wollte, musste er durch dieses Tor die Stadt betreten. Der Vater hatte dort im Torbogen einen Tisch aufgestellt, auf den er die Kasse und das Buch legte. Gerade drängte ein Bauer mit einem Weidenkorb, in dem sich Geflügel befand, in die Stadt.

„He, du!“, rief ihm der Vater von Zachäus zu. „Willst dich wohl am Zoll vorbeidrücken! Komm her! Was hast du da in deinem Korb?“

„Opfertiere!“

„Wie viele?“

„Zehn Tauben!“

Der Vater hob leicht den Deckel des Korbes an: „Es sind zwölf Tauben, du alter Gauner! Wolltest mich wohl betrügen? Das macht vier Obolen.“

Widerwillig kramte der Bauer in seinem Beutel und warf dem Zöllner die Münzen hin, sodass einige davon in den Sand fielen. Zachäus klaubte sie auf und legte sie seinem Vater in die Hand.

„Elender Blutsauger!“, schimpfte der Bauer und spuckte auf die Erde, während er sich vom Tisch des Zöllners entfernte.

„Warum sagt er *Blutsauger?*“, wollte Zachäus wissen.

„Er weiß es nicht besser“, seufzte sein Vater, während er die Geldsumme in sein Buch eintrug.

„Die Römer, die unser Land erobert haben, wollen Geld sehen. Jeder Staat will Geld von seinen Bürgern. Na, und da muss es jemanden geben, der es den Leuten abnimmt. Die Menschen, die sich darum kümmern, nennt man Steuereintreiber oder Zöllner. Das ist unser Beruf, Zachäus!“

„Das weiß ich, Vater! Aber warum sagt er *Blutsauger*, so ein böses Wort?“

„Nun, die Leute sind arm. Und der Zoll, den die Römer festgesetzt haben, ist hoch.“

„Und wovon leben wir Zöllner? Bezahlen uns die Römer?“

„Nein“, lachte der Vater und zwinkerte seinem kleinen Sohn zu. „Dafür muss ich schon selber sorgen.“

„Und wie machst du das?“

„Nun, ganz einfach: Ein Ochse, das macht drei Drachmen. Ich aber sage: ’Bauer, gib mir vier Drachmen!‘ Und wenn einer ein Schaf zur Schlachtbank bringt, kostet das zwei Drachmen …“

„Du aber sagst: ’Gib mir drei Drachmen!‘ Stimmt’s?“

„Genau!“

„Euch Zöllner“, rief ihnen einer über die Straße zu, „sollte man alle nehmen und am nächstbesten Baum aufhängen!“

„Recht hat er!“, stimmte ihm ein anderer Mann zu. „Ihr verdient es nicht anders, ihr Halunken!“

Der Vater schloss die Kasse, sah seinen Sohn an und zuckte mit den Schultern.

An diesem Abend war Zachäus sehr traurig. Er lehnte am Stamm des Maulbeerfeigenbaumes. Plötzlich wusste er, warum ihm die anderen Kinder aus dem Weg gingen, warum sie seinen Namen nicht kannten und nicht mit ihm spielen wollten. Es lag nicht nur daran, dass er nicht wuchs. Es lag daran, dass man ihn eines Tages Zachäus, den Zöllner, nennen würde. Schon jetzt behandelten ihn manche wie einen räudigen Straßenköter, dem man besser aus dem Weg ging. Zachäus lehnte an seinem Baum und sah, wie die Leute einen Bogen um ihn und den Baum machten, wie ihre Gespräche verstummten oder wie sie über ihn tuschelten.
„Ich wünsche mir so, dass mich jemand mag“, dachte Zachäus. „Dass jemand mit mir spricht und mich ernst nimmt.“
Da kam es ihm vor, als würde der Baum etwas zu ihm sagen.
„Zachäus!“, flüsterte es aus den Zweigen. Und der Abendwind brachte die Blätter zum Rascheln. „Zachäus, schau nach oben!“
Zachäus hob den Kopf und blickte in das Blätterdach des Baumes.

Das weitschwingende Astwerk bildete eine Art Höhle. Rasch entschlossen kletterte Zachäus nach oben. Ein starker Ast war wie geschaffen, um darauf zu sitzen, sich unsichtbar zu machen, zu träumen und durch die schützenden Blätter hindurch die Welt zu beobachten.
Ein tiefes Gefühl von Glück durchströmte Zachäus. Sein Freund, der Baum, hatte ihm den schönsten Platz der Welt geschenkt. Zachäus konnte alles sehen, was in der Straße geschah. Er konnte alles hören, was die Leute redeten. Aber niemand sah ihn.

Die Jahre verstrichen. Zachäus wurde älter, aber er blieb klein.
Bis ihm eines Tages sein Vater die Kasse und das Buch überreichte und zu ihm sagte: „Jetzt, Zachäus, bist du der Zöllner! Geh ohne mich unter das Torhaus! Du weißt ja, wie es geht."
Da schossen Zachäus ein paar Tränen in die Augen. Rasch wischte er sie fort. Sein Vater sollte das nicht sehen.
So ging Zachäus nun Tag für Tag an das Jerusalemer Tor. Er machte seinen Gang fest und sein Gesicht hart, denn die Leute sollten nicht sehen, wie es in seiner Seele aussah. Und auch Zachäus nahm nicht drei, sondern vier Drachmen für den Ochsen. Und wenn ihm ein Bauer be-

sonders dumm vorkam, nahm er sogar fünf Drachmen. Und wenn einer frech wurde, schrie ein kleiner böser Zachäus: „Sechs Drachmen, du Hund! Oder du kannst dein Vieh nehmen und wieder in dein Kaff verschwinden!“

Tag für Tag freute sich Zachäus darauf, wenn es Abend wurde. Dann konnte er nach Hause eilen und heimlich in den Baum steigen. Wenn Zachäus dann in seinem luftigen Nest saß, fielen alle Verstellung, alle Bosheit und alle Traurigkeit von ihm ab.
Es war ihm dann, als würde der Baum zu ihm sprechen: „Zachäus, es wird nicht immer so sein, dass du ohne Ansehen bist, dass sie ausspucken vor dir und dich hassen. Warte nur!“
„Auf was denn?“, seufzte Zachäus.

Eines Abends – Zachäus saß gerade wieder im Ausguck seiner Baumhöhle – entstand eine große Unruhe auf der Straße. Neugierig bog Zachäus die Zweige zur Seite, um besser sehen zu können, woher die vielen Menschen und die erregten Stimmen kamen.
„Wer ist das?“, rief ein Mann, der direkt unter dem Baum stand.
„Jesus, der Nazarener!“, antwortete ihm ein anderer aufgeregt.
„Jesus?“, gab der Erste zurück. „Nie gehört!“

„Was? Du weißt nichts von Jesus? Er ist ein gewaltiger Prophet. Kann Wunder wirken. Blinde sehen wieder, Lahme gehen und Aussätzige werden rein, wenn er ihnen nur die Hände auflegt. Manche sagen, er ist der Messias, der Mann, der uns von den Römern und ihren Anhängern, diesem Beamtenpack, diesen Zöllnern und Speichelleckern, befreit!"
„Mann, das wird den Römern aber gar nicht gefallen!"
„Da kannst du Gift drauf nehmen. Wenn dieser Jesus nicht verdammt aufpasst, machen die Römer ihn einen Kopf kürzer!"
Zachäus gingen die Worte des Mannes durch Mark und Bein. Er wollte diesen Jesus genau beobachten. Jedes Wort war wichtig. Man musste den Römern unbedingt reinen Wein einschenken und sie vor dem gefährlichen Staatsfeind warnen.

Da kam Jesus in sein Blickfeld. Zachäus klopfte das Herz bis zum Hals. Jesus sah eigentlich eher harmlos aus – überhaupt nicht wie ein wilder Aufrührer! Er machte sogar einen freundlichen Eindruck. Die Menschen drängten sich um ihn, weil sie jedes seiner Worte verstehen wollten. Manche versuchten, ihn zu berühren. Jesus schien das nichts auszumachen.

Was war das? Jesus blieb keine drei Meter von ihm entfernt stehen. Warum blickte er so intensiv auf den Baum, so als wollte er das Grün durchdringen? Wollte er ihm durch die Blätter hindurch in die Augen, in die Seele schauen?

Zachäus zuckte zusammen und verbarg sein Gesicht hinter den Blättern. Konnte dieser Prophet am Ende Gedanken lesen? Würde er ihn gleich enttarnen und ihm zurufen: „He, du verdammter Römerspion! Was machst du auf diesem Baum? Komm herunter, wenn du ein Kerl bist!"

Würden ihn die Umstehenden vom Baum herabzerren, ihn mit Fäusten schlagen und vor die Stadt schleppen? Zachäus spürte, wie er zitterte.

Ganz langsam bog er die Zweige zur Seite, um sehen zu können, ob Jesus noch immer den Maulbeerbaum mit seinen Augen absuchte. Tatsächlich: Jesus stand da und bewegte sich nicht. Er schaute ihm, dem kleinen Zachäus im Baum, direkt in die Augen.

Und Zachäus blickte zurück. Er konnte nicht länger so tun, als gäbe es ihn nicht.

Plötzlich ging die Sonne auf im Gesicht von Jesus. Er lächelte und sagte mit klarer Stimme: „Komm, Zachäus, mach, dass du von dem Baum herunterkommst! Ich will zu dir, will in deinem Haus einkehren."

Zachäus verschlug es die Sprache. Unter den Menschen, die Jesus umringten, brach ein wildes Geschrei los.

„Jesus, weißt du, wer das ist?", rief einer.

Zehn andere gaben die Antwort: „Das ist ein Zöllner!", schrien sie.

„Ein Ausbeuter!", rief ein Bauer.

„Ein Leuteschinder", meinte eine alte Frau.

Ein Mann versuchte, Jesus zur Seite zu nehmen: „Jesus, bitte, alle Häuser stehen dir offen. Jeder hier gibt dir ein Bett. Jeder würde für dich ein Festmahl auftischen. Aber du kannst unmöglich bei einem Zöllner und Sünder einkehren! Er wird dich an die Römer verpfeifen, ihnen jedes Wort aus deinem Mund zutragen."

Jesus schob den Mann zur Seite.

Zachäus war vom Baum gesprungen und die Leute wichen zur Seite, sodass sich eine kleine Schneise bildete. Jesus und der kleine Zachäus standen sich gegenüber. Zachäus erkannte, dass Jesus ihn mit guten Augen anblickte – ohne eine Spur von Verachtung oder Geringschätzung. Zachäus kam es vor, als würde er unter den liebevollen Augen von Jesus wachsen und groß werden.
„Kann ich heute zu dir kommen?“, fragte Jesus.
„Ja, komm!“, sagte Zachäus. „Aber du musst wissen, dass es stimmt, was die Leute sagen. Ich bin nicht nur ein Zöllner. Ich bin auch noch ein schlechter Zöllner. Einer, der mehr Geld von den Leuten verlangt, als er nehmen müsste.“
„Das lässt sich ändern“, meinte Jesus.
„Ja, das will ich ändern. Herr, ich werde den Armen zurückgeben, was ich ihnen zu Unrecht abgenommen habe. Trotzdem, Jesus, warum willst du ausgerechnet zu mir? Ich bin es nicht wert, dass du mein Gast bist.“

„Ich will zu dir und keinem anderen", antwortete Jesus. „Meine Aufgabe ist es, das zu suchen und zu retten, was verloren war. Ich habe dich gesehen, in deinem Baum. Ich habe gespürt, wie verloren und allein du dort warst in deinem Versteck. Aber die Kleinsten und Ärmsten werden die Größten im Reich Gottes sein!"
„Dann komm zu mir!", jubelte Zachäus. „Komm in mein Haus und mein Herz. Wohne bei mir und benutze alles, was ich habe. Es gehört dir!"

Und Jesus folgte Zachäus in sein Haus. Ein wenig musste er sich dabei bücken, denn einige Äste des Maulbeerfeigenbaumes hingen tief. Sie spendeten Schatten über dem Eingang zum Haus des kleinen, glücklichen Zöllners Zachäus.

Bernhard Langenstein

Psalmen

Selig der Mann, der nicht im Rat der Gottlosen wandelt,
sich nicht auf den Pfad der Sünder stellt
noch im Kreise der Lästerer sitzt,
vielmehr am Gesetz des Herrn *seine Freude hat*,
ja, sein Gesetz betrachtet bei Tag und Nacht.
Er gleicht dem *Baum*, gepflanzt an strömendem Wasser,
der seine Früchte trägt zur rechten Zeit und dessen Laub nicht welkt.
Was immer er beginnt, vollführt er *glücklich*.

Psalm 1,1–4

Dies ist *der Tag*, den der Herr gemacht hat;
wir wollen jubeln und seiner uns *freuen*!

Psalm 118,24

Herr, bis an den *Himmel* reicht deine Güte,
deine Treue bis zu den *Wolken*!

Psalm 36,6

Erstkommunionrätsel

Ordne diese Begriffe richtig zu:

Auferstehung, Kommunion, Hostie, Jünger, Hirten, Schreiner, Zachäus, Stall, Judas, Messias

Das Lösungswort ist ein Symbol für die Auferstehung Jesu (Lösung S. 43).

Hier kam Jesus zur Welt: _ _ _ _ _

Er kletterte auf einen Baum: _ _ _ _ _ _ _

Bedeutet übersetzt
Gemeinschaft: _ _ _ _ _ _ _ _ _

Anderes Wort für Christus: _ _ _ _ _ _ _

Anhänger Jesu: _ _ _ _ _ _

Brot bei der Eucharistie: _ _ _ _ _ _

Engel verkündete ihnen
Jesu Geburt _ _ _ _ _ _

An Ostern feiern wir Jesu _ _ _ _ _ _ _ _ _ _ _ _

Das war Josef von Beruf _ _ _ _ _ _ _ _ _

Er verriet Jesus an die Römer _ _ _ _ _

Bäume sind Gedichte,
die die Erde in den *Himmel* schreibt.

Khalil Gibran

Dem *Fröhlichen* blüht der Baum des Lebens.

Ernst Moritz Arndt

Geh *aufrecht* wie die Bäume.
Lebe dein Leben so stark wie die Berge.
Sei sanft wie eine *Frühlingsbrise*.
Bewahre die Wärme der Sonne im Herzen
und der *große Geist* wird immer mit dir sein.

Indianische Weisheit

Meine Familie

Meine Eltern heißen .... und

....

Beruflich machen die beiden Folgendes: ....

....

....

Meine Geschwister heißen ....

....

Oma und Opa von Seiten meines Vaters heißen ....

und .... und wohnen in ....

.... und ....

sind meine Großeltern mütterlicherseits. Sie wohnen in ....

Wir haben auch ein Haustier: ....

Hier ist Platz für
ein Familienfoto.

Irische Segenswünsche

Mögest du warme Worte an einem kalten Abend haben,
Vollmond in einer dunklen Nacht
und eine sanfte Straße auf dem Weg nach Hause.

Möge Gott auf dem Weg,
den du gehst, vor dir hereilen.
Das ist mein Wunsch für
deine Lebensreise.

Mögest du die hellen Fußstapfen des Glücks finden
und ihnen auf dem ganzen Weg folgen.

Ich wünsche dir die zärtliche
Ungeduld des Frühlings,
das milde Wachstum des Sommers,
die stille Reife des Herbstes
und die Weisheit des erhabenen Winters.

Hier können deine Familie, Paten und Freunde einschreiben, was sie dir auf deinem weiteren Lebensweg wünschen:

Hier kannst du deine ganz persönlichen Erinnerungen
an deine Erstkommunion festhalten:

Es ist gut für den Menschen,
seinen Kopf in den Wolken zu haben
und seine Gedanken
zwischen den Adlern wohnen zu lassen.
Aber er muss auch bedenken,
dass, je höher der Baum in den Himmel wächst,
desto tiefer seine Wurzeln
in das Herz von Mutter Erde hineindringen müssen.

Indianische Weisheit

Lösung Erstkommunionrätsel:

Stall
Zachäus
Kommunion
Messias
Jünger
Hostie
Hirten
Auferstehung
Schreiner
Judas

Lösungswort:

Lamm Gottes

Bibliografische Information: Deutsche Nationalbibliothek
Die Deutsche Nationalbibliothek verzeichnet diese Publikation in der Deutschen Nationalbibliografie; detaillierte bibliografische Daten sind im Internet über http://dnb.d-nb.de abrufbar.

Satz und Layout: Veronika Preisler
Illustration: Heidrun Boddin
Lektorat: Annemarie Boudart
Reproduktion: Repro Ludwig, A-Zell am See
Printed in China

ISBN 978-3-629-01488-7

2 4 5 3 1

Bitte besuchen Sie uns im Internet: **www.pattloch.de**